Henri BOUVIER

Les Combats du "GODAT"

Pages d'Histoire de la 12e Brigade

(Septembre-Octobre 1914)

Préface du Colonel Jacques RENIÉ

Avec une carte hors texte

BERGER-LEVRAULT, ÉDITEURS

NANCY-PARIS-STRASBOURG

1925

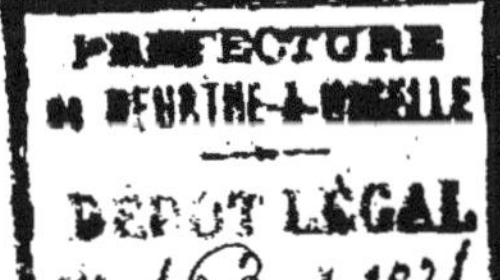

Prix net : 4 francs

LES

COMBATS DU GODAT

Pages d'Histoire de la 12e Brigade

DU MÊME AUTEUR

« **Quelqu'un dira !.....** » (Jouve, éditeur). Ouvrage couronné par l'Académie Française.

« **Les adversaires du chien de combat** ». (*Revue d'Artillerie* du 15 septembre 1924).

Henri BOUVIER

LES COMBATS DU GODAT

Pages d'Histoire de la 12e Brigade

Préface du Colonel Jacques RENIÉ

PARIS
BERGER-LEVRAULT, ÉDITEURS
136, boulevard Saint-Germain (VIe)
1925

PRÉFACE

Ce n'est pas sans une profonde émotion que, depuis quinze jours, j'ai lu sur le manuscrit les pages si vivantes, que le capitaine Bouvier a consacrées aux *Combats du Godat.*

Elles m'ont reporté à près de dix ans en arrière, à cette époque où toutes nos volontés étaient tendues à l'extrême pour assurer le salut commun; elles m'ont fait revivre aux côtés de mon chef vénéré d'alors, sur les bords du canal de la Marne à l'Aisne, dans cette plaine de Cauroy-les-Hermonville où les régiments de la 12e brigade d'infanterie se sont acquis une gloire impérissable; elles m'ont rappelé enfin les traits magnifiques du beau caractère de chef et de soldat du général Lavisse, dont la ténacité souriante, le sens exact des nécessités du moment ont galvanisé les cœurs de ses subordonnés et obtenu d'eux, pendant de longs jours, des miracles d'énergie.

Moi qui ai passé ces jours auprès de lui, sans le quitter une seule minute, je suis en droit, plus que quiconque, de témoigner des services signalés qu'il a rendus dans ces circonstances tragiques. Si, du 13 septembre au 5 novembre 1914, les régiments de la 12e brigade ont opposé une barrière infranchissable aux violents retours offensifs de nos ennemis, la gloire en revient à leur chef qui a su faire passer dans les cœurs de leurs cadres et de leurs hommes l'ardent amour du devoir dont il était lui-même animé.

Colonel Jacques Renié.

AVANT-PROPOS

Les simples récits qu'on va lire n'ont pas la prétention d'établir d'une façon rigoureuse et définitive l'histoire des combats qui ont ensanglanté cette partie du front. Ils y apporteront seulement leur modeste contribution sous une forme qui restituera, d'une façon aussi vivante que possible, la physionomie de ces pages d'histoire et l'état d'âme de ceux qui les vécurent.

A côté de nombreux documents officiels, dont les éléments ont permis de composer l'ossature de cette courte étude, j'ai largement utilisé les lettres du commandant de la 12e brigade, le regretté général Lavisse.

Ces lettres ont été conservées précieusement par celle qui fut sa courageuse compagne et qui, non satisfaite d'avoir porté pendant toute la guerre la coiffe d'infirmière, continue à se dévouer de tout son grand cœur à soulager les infortunes des veuves et des orphelins de guerre. Elles sont la raison même et toute la parure de ce petit volume. Les précieux témoignages qu'on y trouvera, la grande simplicité et la sincérité des récits, dont la seule déformation tient au souci de ne pas alarmer les siens sur les dangers courus, l'analyse profonde et poignante des sentiments éprouvés, tout cela exprimé dans une langue agréable, avec une clarté et une lucidité sans pareilles, voilà un trésor de documents qu'il convenait de ne pas laisser dans l'ombre d'un cercueil que Dieu avait refermé trop tôt, sur celui qui fut, dans les terribles heures de la guerre : un Français sans peur et un chrétien sans reproche.

Henri Bouvier.

Saint-Germainmont, décembre 1923.

LES

COMBATS DU GODAT

I

ARRIÈRE-GARDE

Il fait chaud, atrocement chaud!... Dans les oreilles bourdonnantes, les fifres et les tambours grêles de Charleroi continuent leur musique de cauchemar. Et cependant, que de chemin parcouru depuis!... Nuit et jour, il a fallu marcher et les routes s'allongent indéfiniment sous les pieds fatigués, s'enfilant l'une au bout de l'autre. Oh! que l'on a soif et que la fontaine suivante paraît loin de la précédente!...

Pourquoi marche-t-on toujours ainsi? Qu'on en finisse une bonne fois!... Depuis la dure affaire de Guise, où il sembla que cette course hallucinante vers l'arrière allait cesser, il a fallu marcher encore, marcher toujours sous ce soleil de plomb, souffrant de la soif et de la faim; et les routes ne sont plus assez larges pour l'immense exode de toutes ces troupes, de ces malheureuses populations qui fuient l'envahisseur, entassées dans des convois d'une désolation infinie...

De temps à autre, l'ennemi se faisant plus pressant, il faut livrer de sanglants combats pour le retarder et permettre à ces longues colonnes de s'écouler sans trop de dommage.

Ils sont durs ces combats contre un ennemi innombrable, qui partout vous enserre et vous domine par un armement supérieur! Mais la vaillance française est d'une telle trempe que l'ennemi mord, égratigne, rage, sans l'entamer, de sorte qu'elle se retrouvera entière, puissante, formidable, malgré les pertes et les souffrances, le jour qu'il faudra s'arrêter et *vaincre*...

***

« Un jour, j'avais reçu mission avec ma brigade (1) et de l'artillerie de former l'arrière-garde d'une grosse colonne; c'était au moment de notre repli sur le Grand Morin (2); bien que nous marchions à bonne allure et presque sans arrêt, le jour et la nuit, l'ennemi nous poursuivait de près; il amenait même sur nos flancs de l'infanterie avec des mitrailleuses, au moyen d'automobiles, pour nous tendre des embuscades et nous surprendre en cours de route. On prenait des précautions, mais comme il fallait aller vite, vite, au point que nous abandonnions nos éclopés sur le talus des chemins, les précautions prises étaient incomplètes, inévitablement.

« Tout d'un coup, on me signale, à droite, une grande ferme (3), avec dépendances, où l'on voit distinctement

(1) Lettre du général Lavisse à sa femme, du 9 novembre 1914.
(2) Ceci se passait le 5 septembre 1914, à hauteur de Gault-la-Forêt.
(3) Ferme Charminet (1 kilomètre environ N. 1/4 N.-E. de Morsains).

aller et venir des cavaliers, à un kilomètre de notre colonne environ; je braque ma jumelle sur l'endroit indiqué; au même moment part, de la ferme en question, une fusillade intense accompagnée par un crépitement continu de mitrailleuses; nous étions tombés sous le feu très vif d'un détachement ennemi très habilement dissimulé et bien posté. C'était la surprise, qui ne fut pas complète cependant, parce que l'on se méfiait. Dame! les balles sifflaient; mon premier geste fut de sauter à terre, de confier mes chevaux à Rousselle, en lui criant : « Les chevaux à l'abri, derrière le petit bois, là-bas! » Je vois encore Rousselle disparaître tout en se cachant derrière les chevaux. Je m'agenouillai sur la route, pour me montrer le moins possible, et j'examinai la situation. Les ordres que l'on m'avait donnés étaient précis et se résumaient à ceci : protéger la colonne, mais refuser le combat, ce qui dans la pratique signifiait : constituer un barrage de feu derrière lequel la colonne continuerait à s'écouler à l'abri. Restait l'exécution; sous le feu, c'est pas commode! Après quelques minutes de réflexion, je voulus donner mes ordres, et je m'aperçus alors seulement que sous la fusillade très vive, que le canon accompagna bientôt, tout le monde s'était terré et dissimulé de son mieux; nous nous trouvions seuls, Renié (1) et moi. Les agents de liaison qui relient le général aux différents corps avaient disparu, quelques-uns emmenés par leurs chevaux apeurés.

« Alors, ce fut un turco — on en voyait partout alors le long des colonnes, blessés légèrement ou égarés — qui se présenta, en disant : « Si tu veux, mon général, moi « aller partout. » Et ce fut lui qui me ramena les agents de liaison de l'artillerie et de l'infanterie; tout s'arrangeait.

(1) Capitaine Renié, officier d'état-major de la 12e brigade.

« Je désignai les éléments qui devaient faire face à l'attaque et j'indiquai pour le gros de l'arrière-garde, un nouvel itinéraire défilé, en ajoutant : « Hâtez-vous! » et je prends la direction du feu. On a, dans ces moments-là, des préoccupations très particulières : ce qui m'inquiétait le plus, c'était mes chevaux. Voyant que le petit bois où je les avais envoyés se trouvait sous les obus allemands, je les ai fait filer ailleurs; et cependant, Renié me disait : « Ça tombe dur ici; mettons-nous le long du talus. » Mais, je pensais quand même à mes chevaux : c'est idiot!

« Le premier mouvement de surprise passée, l'action s'engagea normalement; notre feu calma celui des Allemands.

« Or, parmi les troupes que j'avais désignées pour faire face à l'attaque se trouvait le bataillon du commandant Carlier. Carlier est un intrépide; au lieu de se contenter de maintenir l'ennemi, il crut l'occasion bonne de l'attaquer pour lui enlever ses mitrailleuses dont il s'était sensiblement rapproché. En quoi, il eut tort. Je ne pouvais pas, je ne devais pas le soutenir, et avec son bataillon seul, il lui était impossible de venir à bout du régiment qui se trouvait devant lui. Le soutenir, c'était engager un combat sans savoir où il s'arrêterait et c'était faire le jeu de l'ennemi qui ne poursuivait qu'un but : retarder la marche de ma colonne. Néanmoins, je fus amené à engager une batterie d'artillerie (1) pour dégager le bataillon Carlier, et je n'hésitai pas à le faire dès que j'eus rempli ma principale mission : mettre ma colonne en sûreté. Il fallut canonner beaucoup; les Allemands tenaient bon et les nôtres, dans une charge à la baïonnette, s'en étaient approchés très près. Après deux heures de lutte, on se décro-

---

(1) Batterie du groupe Rochas, 22e R. A. C.

chait enfin; mais l'élan de Carlier nous coûtait quelques pertes; lui-même était tombé, frappé de trois balles, une jambe et un bras cassés et restait prisonnier. Cela nous ne l'avons su que plus tard, et voici la fin de l'histoire.

« L'affaire que je viens de te raconter se passait le dernier jour de notre marche en retraite (1). Quelques jours plus tard, nous nous retrouvions sur les mêmes lieux, cette fois en vainqueurs, bousculant les Allemands, de vigoureuse façon et rapidement. (Une fois, pénétrant dans une maison pour écrire un ordre, j'ai trouvé sur la table des tasses et du café encore chaud, avec, tout autour, dans la chambre, un tas de choses éparses abandonnées en hâte.) Ah! le bon moment! J'appris alors que le commandant Carlier avait été blessé, soigné chez un habitant de Morsains et emmené prisonnier. Mais notre poursuite continuait très vive. Deux jours après (2), nous entrions à Montmirail, les talonnant toujours, rencontrant des cadavres et des traînards à chaque pas; nous grimpions allègrement la grand'rue de Montmirail, lorsqu'une bonne dame, portant un brassard de la Croix-Rouge, s'élance au-devant de moi en s'écriant : « Général, il y a « dans notre ambulance un commandant qui voudrait vous « embrasser. »

« Je saute de cheval, et je grimpe quatre à quatre les escaliers du collège où s'était installée l'ambulance et je retrouve Carlier, pleurant de joie, couché dans une chambre où se trouvaient une dizaine d'officiers allemands blessés. C'était une ambulance allemande qui n'avait pas eu le temps d'évacuer; les médecins allemands s'y trouvaient encore : Carlier était sauvé.

---

(1) 5 septembre.
(2) 9 septembre 1914.

« Un dernier détail : pour chasser définitivement l'ennemi de Montmirail où il se cramponnait, nous avons eu la cruelle obligation de bombarder la ville; or, un obus français a traversé la chambre voisine de celle où se trouvait Carlier; j'ai constaté les dégâts. Tu devines son état d'âme pendant ce bombardement ! »

II

LA BATAILLE DU GODAT

(13-26 septembre 1914)

Quand un souffle de victoire passe sur une armée battue, mais non atteinte, on ne s'étonne pas de voir voler en avant avec un élan et une force irrésistibles, les mêmes soldats qui, quelques jours auparavant, se traînaient misérablement, à bout de forces, harassés par des marches quotidiennes depuis plus de trois semaines, par des combats durs et incessants, par la chaleur et les souffrances, par l'angoisse de la défaite...

Mais qu dire de ces mêmes soldats qui, après avoir peiné tout cela et après avoir fourni l'immense effort de la victoire, durent trouver en eux-mêmes et dans les qualités de la race l'endurance et la ténacité nécessaires pour résister aux violents retours de l'ennemi sur une ligne qu'il fallait garder coûte que coûte pour le salut de la patrie?...

Que dire du général Lavisse et des officiers de la 12e brigade qui eurent assez d'autorité et qui furent assez aimés de leurs hommes pour obtenir d'eux un effort aussi surhumain? C'est par leur propre endurance, par leur exemple et leur bravoure, par leur façon souriante et confiante d'enseigner l'accomplissement du devoir qu'ils y parvinrent.

« ... Il fallait exiger de chacun (1) qu'il tienne encore, qu'il surmonte sa fatigue, qu'il résiste au delà même de la limite de ses forces aux violentes attaques, sans cesse renouvelées et tous les jours plus puissantes de nos ennemis qui se renforçaient de jour en jour et accumulaient devant nous toujours plus de canons, d'un calibre de plus en plus fort.

« Il fallait tenir bon pour résister à l'effort violent et continu que les Allemands tentaient pour percer notre front au nord-ouest de Reims ou tout au moins pour retenir devant eux des forces importantes. Il fallait résister jusqu'au bout sans espoir, non seulement de recevoir un renfort quelconque, mais même d'être relevé, car le haut commandement avait besoin de se créer des disponibilités pour les porter à la gauche des armées françaises pour parer à l'enveloppement que cherchait l'ennemi, et, plus tard, pour l'empêcher d'atteindre la région de Calais. Nous ne pouvions prévoir qu'une extension de notre front...

« Il fallait donc se sacrifier.

« Elle a été bien lourde cette tâche qui consistait à tenir l'ennemi en respect, à lui barrer la route coûte que coûte avec des troupes à bout de forces. »

La 12e brigade l'a remplie sans faiblesse (2).

Quand la 12e brigade, poursuivant l'ennemi vers le nord, eut traversé le massif accidenté et boisé du fort de Saint-

(1) Extrait d'une note du commandant Renié.

(2) La 12e brigade était formée des 5e et 119e régiments d'infanterie. Il est juste de signaler aussi que d'autres unités furent mises parfois en tout ou partie, à la disposition du général Lavisse; tels furent les 233e, 48e, 71e, 1er, 84e et 24e régiments d'infanterie.

Thierry, qui est immédiatement au nord-ouest de Reims, et qu'elle déboucha vers Villers-Franqueux, elle se trouva, au matin du 13 septembre 1914, devant une grande plaine, laide et nue, moyennement vallonnée, où pointaient çà et là quelques clochers, dans des îlots de verdure et de bâtisses. Cette plaine était coupée dans toute sa longueur par les deux rangées d'arbres de la grand'route, toute droite de Berry-au-Bac à Reims (1); derrière, une autre ligne d'arbres décelait la présence du canal (2) que dominaient de légères hauteurs parsemées de petits bois. C'est là que les Boches s'arrêtant dans leur débandade, se ressaisirent, reçurent des renforts et s'accrochèrent au terrain dans l'espoir d'arrêter notre élan et de nous bousculer à leur tour. Il s'agissait pour eux de fermer la porte de la trouée de Reims, grande trouée naturelle ouverte entre les solides positions de Champagne et du Chemin des Dames. La porte enfoncée, c'eût été le Chemin des Dames tourné et, par conséquent, soit la défaite de l'armée allemande, si l'action était heureusement conduite et menée avec puissance et promptitude, soit son repli sur la frontière.

A vrai dire, cette porte se trouva entr'ouverte; c'est ainsi que la 69e division occupa, le 13 septembre, Guignicourt et les abords de Prouvais, à 9 kilomètres au delà de la ligne en question à vol d'oiseau; quant à notre cavalerie, elle poussa beaucoup plus loin, jusque vers Sissonne et Le Thour, à plus de 16 kilomètres au delà (3). Malheureusement, le front de progression n'était pas continu et

---

(1) Route nationale n° 44 de Châlons-sur-Marne à Cambrai, qu'on appelait plus simplement : route 44.

(2) Canal de l'Aisne à la Marne.

(3) Le lendemain 14 septembre, des éléments de cavalerie restèrent encore très avancés, puisqu'un escadron du 5e hussards ayant détaché une patrouille sous la conduite du maréchal des logis Laforcade, celui-ci fut tué, ce jour-là, à 7h30, près de Villers-devant-le-Thour.

notre offensive était à bout de souffle. On ne put maintenir cette avance en flèche, d'autant plus que l'ennemi s'accrochait fortement à la partie inférieure de la trouée, devant notre 3e corps, avec des renforts arrivés juste à point de Maubeuge et de Lorraine. Il avait là bien choisi son endroit pour un rétablissement. Du fort de Brimont, des hauteurs de la ferme Sainte-Marie, de la cote 100 et des autres hauteurs qui se succédaient jusqu'à Berry-au-Bac (cotes 91 et 108), les Allemands dominaient la plaine de Cauroy et pouvaient facilement repérer et atteindre à coups de canon les positions qu'ils nous forçaient d'y occuper. L'ardeur de nos troupes déjoua cependant quelque peu leurs plans. Elles réussirent en effet à prendre pied au delà du canal, s'établissant autour de la ferme du Godat, de la Neuville, et de Sapigneul, ainsi qu'à la cote 108.

***

Au bord de la route 44, à un carrefour, le soleil frappe d'une façon éblouissante les quatre murs de craie d'une auberge. C'est *la Maison-Blanche.* Le chemin qui s'ouvre là se dirige vers une ligne intermittente de grands arbres, qui font une traînée d'ombre sur la plaine. En s'approchant de cette agréable fraîcheur, on aperçoit les belles eaux calmes du canal de la Marne à l'Aisne que le chemin franchit sur un pont de fer. De l'autre côté, ce ne sont que broussailles et boqueteaux où pointent quelques grands arbres. Les taches blanches des bouleaux alternent avec les sombres masses des sapins, et l'œil se repose sur un fond de feuillage, dont la verdure fatiguée par un été torride semble déjà toucher à l'automne.

Après le pont, on arrive bientôt devant un important

ensemble de constructions qui se serrent les unes contre les autres, sur la gauche du chemin.

C'est le Godat.

De là, on aperçoit quelques-uns de ces petits bois de Champagne, tout en sapins et de formes géométriques. Le plus près est le bois dit « en potence », qui devait être le théâtre de violents combats.

Ce fut le 13 septembre, entre 13 et 14 heures, que la 12e brigade (1) passa le pont du Godat, gagna la ferme et s'avança dans les bois en direction de la ferme Sainte-Marie. A ce moment, on entendait vers le nord une vive fusillade. C'était le 332e R. I. (69e division), qui était engagé à Aguilcourt dans un violent combat avec l'ennemi.

Sur la gauche de la brigade (qu'il avait précédée au passage du pont), et en liaison avec elle, le 251e régiment d'infanterie (2), sous les ordres du commandant Vignier, parvint jusqu'aux abords du bois qui garnit la cote 100. Il ne put progresser plus loin, car il fut fixé là par des feux de mitrailleuses venant du « bois carré », petit bois situé au bord de la route du Godat à Aguilcourt.

Ces mitrailleuses gênèrent aussi la progression de la 12e brigade et surtout du bataillon du 119e (commandant Regard) qui tenait la gauche. Après une progression difficile, deux compagnies de ce bataillon, commandées par le capitaine Bédoura, atteignirent cependant la ferme Sainte-Marie et réussirent à s'y maintenir jusqu'au soir. Enfin, deux bataillons du 5e, pris sous les feux d'autres mitrailleuses, purent seulement occuper en échelon, plus à l'est, les bois situés au sud de Sainte-Marie.

---

(1) Avec la 11e brigade placée à sa droite, la 12e brigade formait la 6e division, et celle-ci était la division de gauche du 3e corps d'armée.
(2) 69e division.

Dans la nuit du 13 au 14, ces faibles gains de terrain acquis péniblement ne furent pas conservés, et toute la brigade se replia sur le Godat et la ligne du canal.

Le 14 au matin, l'artillerie ennemie entra en scène. Les 77 criblèrent nos premières lignes et l'artillerie lourde bombarda les autres : route 44 et zone Cauroy—Hermonville, où elle cherchait les réserves et les services de la 6e division. Nous verrons plus loin que le poste de commandement de la brigade eut, quelques jours après, à souffrir des effets de cette canonnade.

Devant ces menaces, qui se faisaient de plus en plus vives, nos troupes, épuisées par la fatigue et décimées par les combats, donnèrent des signes d'inquiétude.

C'est alors que devait personnellement intervenir le commandant de la brigade. L'heure était grave, la responsabilité lourde. Voici en quels termes le général Lavisse a raconté plus tard les émotions de cette terrible journée (1) :

« Mon pauvre 5e, qui fut héroïque, a eu trois colonels tués en dix jours : Doury, de Lardemelle (un bon ami, avec qui j'étais lieutenant à Amiens) et Bouteloup, un colonial. Ah! quel horrible souvenir!...

« J'ai vu des choses effrayantes, j'ai senti parfois mon cœur prêt à s'arrêter sous l'angoisse, ma tête s'affoler sous le coup de chagrins profonds et répétés, mais jamais je n'ai éprouvé de douleurs semblables à celles que la lutte m'a imposées non loin d'ici. Il fallait, coûte que coûte, tenir un pont, empêcher l'ennemi, beaucoup plus nombreux que nous, de passer le canal de l'Aisne. L'artillerie allemande en position à 6 kilomètres de là, et bien dissimulée, nous tenait sous un feu de gros obusiers qui était infernal. Oui, c'était presque l'enfer. Doury me fait con-

(1) Lettre du général Lavisse à sa femme, du 9 octobre 1914.

naître la gravité de la situation; je réponds : l'ordre est de tenir. Il répartit : « C'est bien, nous tiendrons; et main- « tenant, le mot d'ordre : le sourire », dit-il à ceux qui l'entouraient. Quelques instants après, il tombait, frappé à la poitrine par un éclat d'obus (1). J'ai fait citer à l'ordre de l'armée ses dernières paroles.

« L'obus qui l'a tué avait aussi tué et blessé autour de lui; il en résulta un flottement, une hésitation. L'officier qui prit le commandement après Doury, très ému, harassé de fatigue, jugeant que l'on était arrivé à l'extrême limite de la résistance, donna l'ordre de commencer à se replier et me mit au courant alors que le mouvement s'effectuait déjà. J'éprouvais à ce moment une angoisse comme jamais je n'en ai ressentie; nous reculerions, après dix jours d'efforts surhumains couronnés de succès! Mais cela ne pouvait pas être, non, mille fois non. Alors, ce que j'ai fait, je ne m'en rends pas encore bien compte. Ce que je puis te dire seulement, c'est qu'une heure après, au lieu de reculer, nous avancions, et que j'en pleurais de joie... »

Ce que le général Lavisse fit et qu'il ne voulut pas dire à sa femme, c'est qu'au reçu de cette nouvelle, il bondit aussitôt à cheval et gagna la première ligne en passant par miracle au milieu de terribles barrages. Là, sans souci du danger qui faisait frissonner et reculer les plus braves, il galvanisa les énergies, qui se tendirent dans un suprême effort; et, montrant à ses troupes où était le devoir, il les lança en avant dans un élan irrésistible.

La tête de pont du Godat resta solidement maintenue, avec des avant-postes à la lisière du « bois en potence » et une ligne de résistance à hauteur de la ferme, en avant

(1) Il était alors derrière une meule de paille, en avant de son P. C. (poste de commandement).

du canal. Malgré l'intensité du feu de l'ennemi, le pont du Godat parut ainsi protégé contre ses entreprises. Celles-ci allaient se faire de plus en plus pressantes à mesure que ses forces et ses moyens s'accroîtront

Le lendemain, 15 septembre, arrive l'ordre de reprendre l'offensive vers la ferme de Sainte-Marie. Une autre brigade (1) franchit dans ce but les lignes de la 12e brigade qui doit se maintenir sur place coûte que coûte. Cette mission est rude à remplir, car l'attaque échoue devant les moyens de défense formidables et très meurtriers de l'ennemi. Celui-ci essaie même de rejeter à coups de canon nos troupes au delà du canal. Grâce à l'énergie et au courage de tous, la 12e brigade brise cependant l'effort de l'ennemi. Elle maintient intégralement ses positions et permet à la brigade assaillante de se reformer sur la rive nord-est du canal.

Après ces trois jours de lutte, les adversaires ont besoin de reprendre souffle. Des deux côtés, les lignes se fortifient et l'on se prépare à de nouveaux combats.

***

L'ennemi change de tactique. Ne pouvant nous rejeter de vive force de l'autre côté du canal, il tâche d'y parvenir autrement, par une double action : d'abord en écrasant la tête de pont sous un bombardement continu et de plus en plus violent; ensuite, en essayant de la couper en s'infiltrant sur la rive sud et le long du canal.

C'est le 5e qui, tenant la tête de pont, doit subir sans faiblir cet écrasement par l'artillerie ennemie. Quant au 119e, son rôle est de repousser les infiltrations des Alle-

(1) Brigade d'Algérie.

mands le long du canal, ce qui l'oblige à une série de combats partiels particulièrement meurtriers. A grand'-peine il parvient, avec l'aide de l'artillerie, à purger la rive sud du canal des nombreux petits groupes qui ne cessent de s'y insinuer. Ces combats furent particulièrement intenses dans la journée du 17 septembre où la pluie et la boue succédèrent au temps chaud des précédents jours. Ils ne furent pas moins meurtriers pour le 5e qui perdit, ce jour-là, son second colonel, de Lardemelle.

« De Lardemelle avait succédé à Doury (1); il venait du Maroc, malheureusement, car il avait rapporté de là-bas des attitudes de bravade qui sont funestes ici, devant un ennemi mieux armé, mieux dressé et autrement nombreux. Le premier jour, quand j'allai le voir, il me montra sa pèlerine trouée de plus de vingt éclats d'obus. Je l'engageai à ne pas s'exposer inutilement. Malgré cela, le lendemain il se promenait à cheval sur une crête, en avant d'un bois, très exposé; peu après, il tombait, frappé d'une balle au front. »

Le 18 septembre, l'ennemi, pensant avoir ébranlé notre résistance par son action des jours précédents, tente de nouveau une attaque en force sur la tête de pont. En même temps que des éléments prennent le 119e en flanc et essaient de s'infiltrer sur la rive sud du canal, une violente attaque est lancée à 6h 40 autour du Godat, contre les positions du 5e.

La lutte est chaude et la 12e brigade combat furieusement toute la journée.

Le 119e subit de nombreuses pertes, mais après une longue lutte, il parvient à purger la rive sud du canal des fractions ennemies qui s'y étaient établies.

(1) Lettre du général Lavisse à sa femme, du 9 octobre 1914.

Quant au 5e, il eut à fournir un rude effort pour tenir tête à l'attaque ennemie. Finalement, il réussit à se maintenir sur ses positions et à rejeter les Allemands dont la fuite est protégée par un redoublement du bombardement. Cela ajoute aux pertes déjà lourdes du régiment. Le commandant Poupard est blessé; le lieutenant-colonel Bouteloup, qui avait succédé au lieutenant-colonel de Lardemelle, reçoit un éclat d'obus dans le bras; le bras en écharpe, il reste à son poste.

Avec de tels chefs et de tels soldats, que ne ferait-on pas? Tant de bravoure ne resta pas dans l'ombre et valut au régiment la belle citation suivante :

« Le général commandant le 3e corps d'armée se fait un devoir de signaler à tous la belle conduite du 5e régiment d'infanterie au cours des divers engagements auxquels il a été appelé à prendre part depuis le commencement de la campagne.

« Le 5e régiment d'infanterie, devant la position du fort de Brimont, a pu arrêter, pendant cinq jours, sous une canonnade redoutable, les attaques furieuses de l'ennemi, et conserver nos positions après avoir perdu successivement ses deux chefs de corps, le colonel Doury et le lieutenant-colonel de Lardemelle, qui trouvèrent dans ces combats une mort glorieuse.

« Le général commandant le corps d'armée cite à l'ordre du corps d'armée le 5e régiment d'infanterie, ainsi que les vaillants chefs qui ont su faire pénétrer dans l'âme de leurs soldats les plus belles qualités qui les distinguent. »

***

Et voici de nouveau, dans les jours qui suivent, la même tâche à remplir. C'est, pour le 119e, la lutte incessante pour garder la rive sud du canal contre les incursions répétées de l'ennemi; et c'est, pour le 5e, la mission de *tenir* la tête de pont du Godat, malgré des bombardements de plus en plus violents et malgré la menace constante d'une attaque.

Ah! qui dira tout ce que ce simple mot *tenir* renferme d'héroïsme? Qui dira l'immense mérite de cette arme puissante et sacrifiée qu'est l'infanterie dans la bataille?

Il faut *tenir coûte que coûte* la tête de pont du Godat, et tous, depuis le général de brigade jusqu'au dernier fantassin, ont fait de cette consigne l'idée qui doit commander exclusivement tous leurs actes.

Pauvre Godat!... En si peu de jours, tout est déjà si changé, qu'on ne reconnaît presque plus ce petit coin de France.

Des arbres massacrés forment çà et là de grands amas touffus et pitoyables. D'autres laissent pendre des branches qui menacent à chaque instant de tomber.

La ferme du Godat a été particulièrement visée par les obus; ils ont fait dans ses murs de larges brèches par où l'on aperçoit de pauvres meubles mutilés qui ajoutent encore à tant de tristesses celle d'un intérieur français saccagé.

Les bâtiments de la ferme sont nombreux, mais pas un n'a été épargné par la mitraille. Des poutres jaillissent des toits crevés, et des amoncellements de pierres blanches garnissent le pied des pans de murs. De tous côtés gisent des débris et des objets hétéroclites constamment remués par les obus qui laissent un peu partout leurs trous de terre fraîchement remuée.

Pour organiser la résistance, nos soldats ont accumulé sur leur ligne les obstacles les plus variés : charrettes croulantes, machines agricoles, bottes de paille, gabions faits de branchages et remplis de terre...

Bien vite, ils ont compris que la meilleure façon de se garer et de s'accrocher au terrain était de se retrancher en creusant le sol, mais les outils portatifs avaient été perdus pendant la retraite et on dut pendant plusieurs jours attendre les pelles et pioches régimentaires.

Les voici maintenant arrivés et tous travaillent ferme à s'enfoncer dans la terre. Ainsi le temps passe plus vite, et l'on prête moins d'attention aux énervants éclatements de 77 qui n'arrêtent pas de harceler les positions.

Des fusants arrosent la ferme; les petits flocons blancs se piquent dans le ciel, aussitôt emportés par le vent; et c'est alors un joli bruit de balles, qui tombent en grêle sur les ardoises des toitures; on voit les petites plaques grises se soulever comme par un vent d'orage, puis glisser à terre où elles jonchent le sol de leurs débris.

Les travailleurs dédaignent ces tirs qui pourtant tuent, eux aussi. C'est qu'il y en a d'autres parfois, plus redoutables. Ils sont annoncés par un sifflement plus lent et plus sourd qui se visse dans l'air; puis, un « gros noir » éclate quelque part, pas loin, ébranlant les pierres instables par sa brusque secousse, et soulevant vers le ciel une énorme gerbe de terre brune dans un nuage de fumée noire. C'est le moment de regagner le trou qu'on s'est hâtivement creusé, car ce premier obus, comme un chef de file, est bientôt suivi de beaucoup d'autres qui s'écrasent par brusques rafales et dont le tir terriblement précis se rapproche peu à peu de leurs objectifs.

Chacun courbe le dos, recroquevillé dans son trou, les genoux au menton, et le sac devant la figure. Le sol tremble; l'air vibre du fracas des explosions, zébré en tous sens par des éclats aux musiques étranges. Les jours de chaleur sont revenus et l'odeur âcre de la fumée qui empuante l'atmosphère vous serre à la gorge et rend encore plus pénible le supplice de la soif. L'eau dont on a rempli les bidons est vite tiède sous ce soleil de plomb; elle passe dans les gosiers comme une caresse, mais laisse les bouches pâteuses et avides de fraîcheur calmante. C'est dans un tel repos qui n'en est pas un, replié que l'on est sur soi-même, qu'on sent en soi toute cette fatigue accumulée qui vous monte le long des membres et vous vient battre les tempes fiévreuses. La tension nerveuse qui soutenait au travail le corps affaibli, mais raidi par la volonté, se brise par une brusque détente de tout l'être dès qu'elle n'est plus nécessaire pour stimuler un effort. Le bombardement qui gronde sur les têtes et le voisinage du danger ne laissent guère l'esprit au calme, mais l'on s'habitue vite à ces explosions dont le fracas produit, chose étrange, un effet bienfaisant : il détend les nerfs peu à peu, assoupit les cerveaux en feu et communique à tous une irrésistible envie de dormir, doux engourdissement de tout l'être qui aspire au repos.

Il faut veiller pourtant. Car l'ennemi est proche et il peut surgir d'un moment à l'autre dans la fumée des derniers obus. C'est là qu'on voit les chefs dominer leur chair. Raidissant leurs muscles inertes, ils vont de l'un à l'autre sans souci des obus et des balles, réveillant les énergies, et demandant à leurs hommes de se préparer à de nouveaux efforts.

On a glorifié le « poilu » pendant la guerre et on a eu raison; mais l'officier? Par pudeur ou par snobisme, doit-on faire le jeu de ceux qui nient son rôle et sa valeur? Par leur genre de vie, par leur éducation, la plupart étaient moins aptes que leurs hommes, rudes paysans de France, à supporter tant de fatigues. Et si les galons les favorisaient de quelques adoucissements, ceci était bien peu de chose à côté de l'énergie et du courage qu'il leur fallait pour réagir contre la fatigue, contre l'abrutissement, pour garder l'esprit clair et la volonté nette. Quelles situations tragiques, quels terribles cas de conscience, quelles responsabilités écrasantes se présentèrent souvent à l'improviste, auxquels de jeunes officiers durent faire face en quelques secondes !...

Uniquement préoccupé du souci de ménager ses hommes, de se faire aimer d'eux, et de leur faire accomplir simplement le devoir du moment, faisant abstraction de lui-même pour ne penser qu'à la grande tâche dont il avait la charge, l'officier français s'est grandi à la hauteur et même au-dessus de la gloire du « poilu ».

Celle-ci ne fut pas atteinte parce qu'il y eut de mauvais soldats; celle de l'officier ne doit pas être tachée par quelques faiblesses individuelles, que les mauvais Français ont pu propager et amplifier, mais qui parfois étaient bien excusables quand on songe que l'officier est un homme, après tout, fait de la même chair que les autres, et qu'il doit avoir à lui seul de l'énergie pour tous.

Du sous-lieutenant au général, c'est, à des degrés différents, les mêmes qualités que l'on exige des officiers, et si les fatigues supportées deviennent moindres de l'un à l'autre, la force physique décroît aussi avec l'âge, tandis que le terrible poids de la tâche et des responsabilités augmente.

On a vu dernièrement, pour l'affaire du 14 septembre, quel drame terrible s'était joué dans le cerveau et le cœur du général Lavisse. On a vu aussi de quelle héroïque façon il avait, lui aussi, dompté sa chair et transfusé à tous son énergie et sa bravoure. Tous ses officiers furent dignes de lui, et si la 12e brigade a pu *tenir coûte que coûte* la tête du pont du Godat, c'est que le poilu fut courageux et résistant, mais c'est aussi que l'officier sut, par son exemple et par son autorité, planter dans le sol, irrésistiblement, les pieds de ses soldats.

***

Cependant, il ne suffisait pas de conserver cette étroite bande de terrain. Il fallait encore participer aux actions plus générales organisées par le commandement. Une attaque à objectif limité est préparée pour le 23 septembre, à laquelle participera la 5e armée sur tout son front, pour fixer l'ennemi entre Berry-au-Bac et Loivre et l'empêcher d'envoyer ailleurs le gros des forces qu'il a massées là. Il s'agit de s'emparer de la ferme du Choléra (nord-ouest de Berry-au-Bac), de la cote 91, de la cote 100 et de la ferme Sainte-Marie.

Les défenseurs du Godat auront ainsi une base élargie sur laquelle leur résistance pourra s'asseoir plus solidement.

Une sérieuse préparation d'artillerie s'abat sur les tranchées ennemies de 6 à 8 heures. Puis l'infanterie s'élance à l'assaut de ces crêtes que l'ennemi a transformées rapidement en forteresses redoutables.

Au Godat, c'est le 1er bataillon du 5e, sous les ordres du commandant Deffaux, qui mène l'attaque. Mais à peine a-t-il débouché de la lisière nord du « bois en potence », dans la direction de Sainte-Marie, qu'un feu d'enfer, artillerie et mitrailleuses, se déchaîne sur les assaillants.

Malgré la bravoure de tous et l'entraînant exemple de son chef, le bataillon tourbillonne sur place sous la rafale et se cloue au sol. Les pertes sont nombreuses; chaque effort pour progresser en cause de nouvelles.

L'artillerie française essaie d'éteindre le feu ennemi et de couvrir le flanc droit du 5e qui se trouve menacé.

A trois reprises, avec un courage et une persévérance héroïques, le 5e repart à l'assaut, en ordre et avec calme, mais, chaque fois, il est aussitôt arrêté avec de nouvelles pertes.

Au sud du canal, l'ennemi réagit violemment aussi et parvient à prendre pied en plusieurs endroits. Le 119e doit engager une lutte opiniâtre pour le repousser, avec l'aide de l'artillerie. A la nuit, ses efforts sont couronnés de succès et les Allemands se retirent jusqu'au canal.

Le lendemain, l'ordre arrive de reprendre l'attaque avec des moyens plus importants. Le général Lavisse juge toutefois inutile et dangereux d'exposer encore le 5e tant que son flanc droit n'est pas couvert et tant que l'ennemi n'a pas entièrement abandonné la rive sud du canal, où il s'est de nouveau infiltré. Il organise donc une opération de ce côté avec l'appui de l'artillerie. Cependant, le reste de l'armée ayant rencontré ailleurs des difficultés analogues, l'offensive est suspendue et la consigne reste maintenant comme avant : TENIR.

« Voici douze jours aujourd'hui (1) que nous tenons tête sur place, le long de l'Aisne et de la Suippe, aux formidables assauts des armées allemandes, furieuses d'avoir été rejetées loin de Paris. Étant donnés nos effectifs et ceux qui sont en face de nous, le commandant du corps d'armée estimait au début que, si nous pouvions tenir tête deux jours, nous remporterions une belle victoire; demain, ce sera le treizième jour que nous formons barrière, une barrière que rien n'a entamée... Et cependant, quelles attaques nous avons subies, pendant les premiers jours surtout! Aujourd'hui, décimé, essoufflé, éreinté (les prisonniers l'ont répété), l'ennemi s'est fortifié devant nous et se con-

(1) Lettre du général Lavisse, du 25 septembre 1914, à son frère, M. Ernest Lavisse.

tente de nous inonder de projectiles. La fin de Maubeuge a libéré une grosse artillerie et deux corps d'armée qui sont venus se joindre à ceux qui se trouvaient déjà devant nous. »

***

Quand on parle du Godat à ceux qui ont combattu là en 1914, on comprend que l'émotion la plus forte de cette bataille, celle qui leur laissa le souvenir le plus vivace et le plus pathétique, ils l'ont vécue dans la nuit du 25 au 26 septembre 1914. La lutte atteignit à ce moment-là son maximum d'intensité, et ce fut une lutte terrible, dans le désordre de la nuit noire, où l'on s'entretua à tâtons...

Depuis quelques jours, le secteur était plus calme. On avait seulement, dans la journée, réglé le tir d'un groupe de 120 long (qui venait d'être mis à la disposition du général Lavisse) contre les organisations de plus en plus fortes que l'ennemi était en train d'établir sur la rive nord-est du canal.

« Le 25 septembre (1), après avoir passé son inspection du soir et rendu compte au général de brigade que chacun était à son poste, le lieutenant-colonel Bouteloup (2) était rentré à son poste de commandement, établi dans la maison d'habitation de la ferme du Godat, à quelques mètres des tranchées de première ligne.

« Une heure après environ, pendant qu'il était en train de dîner avec les officiers de l'état-major du régiment, son attention fut attirée par un vacarme indescriptible

(1) Extrait d'une note du commandant Renié.

(2) On a vu que le lieutenant-colonel Bouteloup commandait le 5e R. I. depuis la mort du lieutenant-colonel de Lardemelle, et qu'il avait été blessé au bras le 18 septembre. Il portait encore le bras en écharpe le 25.

produit par une fusillade intense au milieu de laquelle on entendait des cris de toutes sortes.

« Les Allemands, en colonnes serrées, cherchaient, par une attaque de nuit, à s'emparer du pont du Godat et à rejeter le 5e R. I. sur la rive ouest, ce qu'ils n'avaient pu faire dans dix attaques de jour.

« Nos postes d'écoute, submergés, avaient à peine pu donner l'alarme, et les colonnes ennemies, poussant de formidables hourrahs, s'étaient précipitées la baïonnette basse sur nos fantassins épuisés de fatigue.

« Voulant se rendre compte de ce qui se passait, le lieutenant-colonel Bouteloup et son adjoint, le capitaine Ribeyre, sortirent de la maison, traversèrent la cour, large d'une trentaine de mètres, et se dirigèrent rapidement vers la porte charretière donnant sur le chemin du pont du Godat.

« A peine avaient-ils fait quelques pas sur ce chemin qu'ils se trouvèrent dans la mêlée. Un groupe d'Allemands, fonçant droit vers le pont, cherchait à l'atteindre en se débarrassant d'une fraction des nôtres qui lui barrait la route.

« C'est en s'efforçant de se faire reconnaître des siens que le lieutenant-colonel Bouteloup, facile à distinguer dans la nuit, à cause de l'écharpe blanche qui soutenait son bras, fut tué presque à bout portant par une balle de revolver tirée par un officier allemand.

« Le capitaine Ribeyre, mort quelques jours après des suites de ses blessures, m'a personnellement donné ce renseignement et a affirmé avoir tué lui-même l'officier allemand en question. »

Cependant le combat se poursuivait de tous côtés dans un grand désordre causé par la surprise, la nuit très noire et la difficulté de coordonner les efforts. C'est alors que les initiatives individuelles dirigèrent l'action dans ce corps à corps sanglant où se révélèrent les magnifiques qualités que des chefs tels que le général Lavisse et le lieutenant-colonel Bouteloup avaient su développer dans le cœur de leurs soldats.

Malgré la cohue, malgré l'émoi, malgré les cris terribles qui dominaient le bruit et affolaient les têtes, il y eut des prodiges de valeur tels que l'ennemi, malgré sa supériorité numérique, ne put aboutir dans ses projets.

De-ci, de-là, des poignées d'hommes groupés autour de chefs énergiques tinrent tête à l'ennemi, brisant son effort et le forçant à refluer. C'est ainsi que l'adjudant-chef Desrives, avec quelques servants, installa sa mitrailleuse près de la route du Godat et faucha sans arrêt les vagues renouvelées des assaillants.

Nos pertes furent lourdes, certes, mais l'ardeur des nôtres fut si grande, et si grandes aussi leur bravoure et leur opiniâtreté, que la brigade bavaroise, en se retirant, laissa entre nos mains plus de 150 prisonniers dont 3 officiers, et que ses cadavres jonchèrent le sol jusque dans les bois au bord du canal et même jusqu'à l'entrée du pont.

Le combat ne se calma de ce côté que pour rebondir ailleurs. A l'aube du 26, en effet, les Allemands, favorisés par le brouillard, attaquèrent vigoureusement le 119e; mais après l'alerte de la nuit, tout le monde veillait l'arme au pied. Ils furent reçus à coups de fusils et de mitrailleuses. Le combat se développa, assez confus, jusqu'au moment où le brouillard se levant, vers 10 heures, l'artillerie put intervenir, brisant par des barrages efficaces l'effort de l'ennemi.

Sans se décourager, celui-ci attendit la nuit pour renouveler ses tentatives. Et en effet, dans la nuit du 26 au 27 septembre, il fonça sur un régiment de la brigade de droite, le 28e régiment d'infanterie, le bouscula au delà de la route 44 et s'avança jusque dans Villers-Franqueux où on lui fit des prisonniers.

Ainsi menacé sur son flanc droit et attaqué lui-même sérieusement, le 119e dut céder peu à peu du terrain jusqu'à hauteur de la ferme de Luxembourg.

Les éléments qui gardaient le canal allaient-ils être tournés, et l'ennemi allait-il enfin réussir sa manœuvre de débordement de cette tête de pont qu'il n'avait pu réduire de front?

Non, car la bravoure des soldats du 119e fut à la mesure de celle du 5e. Après un instant de désarroi, les mêmes admirables exemples d'énergie et de vaillance se renouvelèrent. C'est ainsi que l'adjudant Cuillier, avec sa section de mitrailleuses, se mit en batterie sur la route et, malgré la fusillade qui lui tua deux tireurs remplacés aussitôt, il déchaîna le feu de ses pièces contre les assaillants, qui fondirent sous cette trombe de feu.

Partout, ce furent des prodiges d'héroïsme, qui nous coûtèrent cher en vérité, mais qui refoulèrent peu à peu l'ennemi. Le commandant Chavatte tomba mortellement frappé; d'autres tombèrent aussi tués ou blessés...

Par une série de contre-attaques, les nôtres regagnèrent en peu de jours le terrain perdu et rentrèrent en possession de presque toute leur première ligne.

Partout, de front et de flanc, l'effort puissant de l'ennemi s'était brisé contre la vaillance de nos soldats. A la fin de la bataille, la 12e brigade compta ses morts et pansa ses blessures, mais elle gardait le sol où elle avait planté ses drapeaux, victorieuse!...

III

GUERRE DE SIÈGE

Après ces treize jours de combats violents qui constituent à proprement parler, la « bataille du Godat », la lutte décrut quelque peu en intensité, mais les Allemands, furieux de leurs échecs successifs, n'en restèrent pas moins agressifs, tout en fortifiant de plus en plus leur front, comme nous-mêmes.

1er octobre 1914 (1).

« ...Cette lettre traîne depuis trois jours, trois jours qui ont été une rude épreuve dont nous sommes sortis victorieux; c'est le dix-neuvième jour de combat sur l'Aisne. Pour donner le temps à l'aile gauche de progresser, nous avons ordre de tenir sur place et de fermer la porte. Ils donnent dessus des coups de bélier furieux; vous ne passerez pas tant qu'il en restera un. Les lettres prises sur les prisonniers montrent leur stupéfaction et leur rage; les effectifs allemands sont extrêmement réduits; il leur reste très peu d'officiers; notre artillerie les a décimés; ils en ont une peur épouvantable. Leurs ressources s'épui-

(1) Lettre du général Lavisse à son frère, M. Ernest Lavisse.

sent. Parmi les prisonniers, hier, des soldats de dix-sept ans et de quarante-trois ans.

« Abonné au *Temps*, j'ai reçu jusqu'ici le numéro du 13 et celui du 23 septembre : c'est peu. Nous voudrions tant savoir ce qui se passe !

« Heureusement, très beau temps. Ma brigade n'a pas quitté la tranchée depuis quinze jours, nuit et jour, sauf pour combattre. »

6 octobre 1914 (1).

« ... En ce moment, calme relatif; j'en profite pour causer un peu avec toi. D'abord, nos affaires militaires ne vont pas mal du tout sur tout le front de bataille, qui s'étend peut-être sur 80 kilomètres. De notre côté, on reste sur place pour l'instant, formant barrière, pendant que d'autres manœuvrent. Nous sommes nez à nez; nos avant-postes sont à 300 mètres des leurs, chacun dans ses tranchées. Gare à celui qui montre le bout de son nez ! de temps en temps une attaque se produit pour empêcher le vis-à-vis d'avancer ou pour gagner soi-même un peu de terrain. De plus, on se canonne presque constamment : voici trente-deux jours que je n'ai pas cessé d'entendre le canon nuit et jour !... On s'y habitue certainement, mais les nerfs en souffrent. Je l'entends toujours, même quand il ne tire pas; le sifflement de l'obus, son éclatement, restent dans mes oreilles. On vit tout de même, sans se préoccuper autrement du bombardement; si terrible qu'il soit, on peut s'en garer, d'abord parce que les Allemands sont méthodiques, mécaniques; une fois leurs pièces en batterie, ils tirent longtemps aux mêmes heures et battent

(1) Lettre du général Lavisse à sa femme, ainsi que les suivantes.

les mêmes terrains plusieurs jours de suite. Depuis que nous sommes immobiles les uns devant les autres, je les ai vus à plusieurs reprises, au même instant de la journée, couvrir de projectiles des espaces sur lesquels il n'y avait absolument rien. Évidemment, il y a de temps en temps des malheurs, mais si formidables et si bruyants que soient les projectiles de leurs obusiers, ils font plus de bruit que de mal. »

7 octobre 1914.

« ... Nous avons le sentiment que devant nous, l'ennemi a retiré du monde pour le porter ailleurs; d'autre part, nos avions l'ont constaté, il y a certainement moins d'artillerie; il y a des interruptions dans la canonnade; l'infanterie ennemie occupe toujours le bois en face de nous, à 400 mètres, pas plus. On l'entend travailler à ses tranchées, abattre des arbres, etc...; quand on la voit, on tire dessus pour l'obliger à y mettre plus de discrétion. Singulière position que ce nez à nez, yeux grands ouverts, oreilles aussi, le fusil prêt, le corps ramassé, prêt à bondir; et en arrière des tranchées, le calme relatif, à couvert bien entendu, mais une vie normale : distribution de vivres, cuisson des aliments, ravitaillement, etc...; d'aucuns fument tranquillement en bavardant et en riant.

« Tout de même, on voudrait bien s'en aller d'ici.

« Et puis, pas ou peu de nouvelles; en un mois, j'ai reçu quatre fois le *Temps ;* on ne sait rien. Et les Russes, se demande-t-on?... »

15 octobre 1914.

« Dans mon armée, on reste encore sur la défensive, nez à nez, par ordre; mais nous imposons aux Allemands notre volonté. Nous préparons une marche en avant; la situation nous amène à une guerre de siège, presque. En certains endroits, le long du canal, certains de nos postes ne sont séparés des Allemands que par la largeur du canal; pour tenir sur place, il faut se creuser un trou dans la terre; c'est au plus leste et au plus malin; malheur à qui se découvre! on s'épie, le fusil prêt à partir. Ne crois pas que ça effraie nos troupiers d'aller dans les tranchées; pour les distraire, nous avons imaginé hier de leur donner des bombes à main et des pétards de mélinite; ces pétards sont munis d'une mèche qu'ils allument au moment de les jeter. Et quand le voisin ne se méfie pas, on lui lance à la main la bombe ou le pétard; tu vois, c'est charmant, comme passe-temps!...

« Temps d'automne, triste et pluvieux, depuis deux jours... »

18 octobre 1914.

« ... Rien de changé dans notre situation : nous les tenons et nous les muselons; nous faisons de la guerre de siège : tranchées, souterrains, chemins couverts, bombardement, etc.; et toutes les fois qu'ils s'aventurent, on en fait de la purée. Il y a sur le front de bons abris, faits par ma compagnie du génie. Admirables, ces soldats du génie : ils travaillent sous le feu comme s'ils étaient étrangers à ce qui se passe autour d'eux. Et, ma foi, ils ont assez de chance; pas les officiers : trois capitaines ont disparu successivement. Il y a là un petit sous-lieutenant, nommé Boyé, qui est épatant; il creuse des tranchées sous leur nez et se tient parfois à quelques mètres d'eux, des journées ou des nuits entières, à plat ventre, tapi dans les betteraves ou dans l'herbe. On joue au plus malin;

de l'autre côté du canal que nous gardons, ils ont transformé une ferme en un fort que nous appelons le *fort Chabrol*. Le nom est même officiellement consacré dans les rapports militaires. Sous ce fort, qui se trouve en contre-bas du canal, ils ont creusé des souterrains très profonds où ils vivent à l'abri; notre artillerie a détruit le dessus, mais il n'est pas commode de les atteindre dans leur trou. Alors, j'ai pensé à crever le canal à coups de canon pour les inonder; mais le service de la navigation m'a fait dire que nous n'obtiendrions pas le résultat cherché; on y a renoncé. Mais les animaux ont eu une idée analogue; le lendemain, on m'apprend que certaines de nos tranchées se remplissaient d'eau : ils avaient bouché une petite rivière et fait refluer l'eau de notre côté. Alors, on a fait une digue pour renvoyer l'eau dans le canal; tu vois, c'est une lutte qui ne manque pas d'intérêt. On n'a pas le temps de s'ennuyer. Eh bien, ces travaux de construction, de digue, il faut les faire la nuit, à 15 mètres des fusils et des mitrailleuses allemandes, couchés à plat ventre, en se passant les matériaux de la main à la main et en évitant de faire du bruit ou de se montrer; tout cela la nuit. Quand l'équipe est revenue le matin, harassée, couleur de boue, j'ai eu peine à trouver le petit Boyé pour lui serrer la main; tous ces braves gens allaient se reposer simplement, comme s'ils revenaient d'un travail habituel du temps de paix. »

25 octobre 1914.

« ... Nous sommes presque au calme complet; si le canon se fait toujours entendre chaque jour, c'est à de longs intervalles, et comme par habitude; on s'observe de très près, mais on sent que l'affaire se passe ailleurs en ce moment. Tout de même, nous ne nous relâchons pas et nous leur montrons de temps en temps que nous ne dormons pas.

« Temps revenu au beau, avec du soleil; les têtes sortent des tranchées pour respirer.

« J'ai aussi ma tranchée là-bas où je vais de temps en temps, quand il y a besoin; on y est à l'abri du bombardement; de là partent des couloirs qui me mènent un peu partout sans qu'on me voie. Nous avons fait un village sous terre; je cherche à le rendre habitable, confortable même; on y mangera chaud bientôt, et dès demain on boira chaud aussi du thé et du rhum grâce à des marmites norvégiennes. Hier, venant je ne sais d'où, sont arrivés aux tranchées 50 exemplaires du *Matin*, de la veille; nous marchons vers la salle de réunion souterraine avec cinéma... »

« ... Tu as lu dans un journal que 300.000 Allemands étaient venus renforcer les troupes qui se trouvent en face de nous; c'est possible qu'ils aient encore trouvé, en râclant partout, plusieurs régiments et quelques canons, mais nous n'en avons pas éprouvé d'embarras, au moins de notre côté; les nouveaux venus, à en juger par les prisonniers que l'on fait chaque jour, comprennent des troupes de réserve ancienne et de tout jeunes gens qui n'ont pas la valeur offensive des troupes de l'armée active. Nous nous en rendons parfaitement compte; leurs attaques sont molles et consistent surtout en tirailleries plus ou moins violentes qui partent des tranchées, sans que les soldats en sortent, accompagnées d'un bombardement plus ou moins intense et plus ou moins long. Quand ils s'avancent sur nos tranchées, cela leur coûte cher; par exemple, la semaine dernière, à trois reprises dans la même journée, après un bombardement qui a duré sept ou huit heures, ils ont chargé à la baïonnette sur les positions occupées par le 5e sans pouvoir arriver jusqu'à elles, et cependant, en ce point, nous ne sommes pas à 400 mètres les uns des autres. Depuis ce jour, entre nos deux lignes, on voit environ 300 cadavres allemands, ce qui nous permet de supposer que leurs pertes totales pour cette journée s'élevaient sans doute, en face du 5e seulement, à un millier d'hommes hors de service, étant donnée la proportion habituelle de blessés pour le nombre de tués. Et puis, les Allemands mettent un soin et un empressement particuliers à enlever leurs morts pour cacher leurs pertes.

« Quand je lisais dans les récits de la guerre de Mandchourie que Russes et Japonais restaient des semaines les uns en face des autres, à 300 ou 400 mètres, je croyais à une exagération. Cependant, nous en sommes là, au moins sur la partie de notre front qui sert de pivot à la manœuvre qui se déroule en ce moment; depuis bientôt trois semaines, nous sommes au contact très étroit, épiant nos moindres mouvements de jour et de nuit, gagnant petit à petit quelques mètres, par des boyaux souterrains, de façon à se trouver assez près pour se jeter d'un bond l'un sur l'autre, à la baïonnette. »

IV

UN ÉTAT-MAJOR DE BRIGADE

Le P. C.

Quand on parle du *poste de commandement* d'un général de brigade, on l'imagine parfois copieusement blindé et bien à l'abri des hasards de la bataille. Certes, il était utile de prendre toutes sortes de précautions pour qu'un organe aussi vital ne soit pas détruit, — on peut vivre avec un bras ou une jambe de moins, mais si la tête est coupée, c'est la mort. C'est pourquoi l'on vit, au cours de la guerre, les P. C. accumuler avec raison les camouflages et les protections. Cependant, si en 1914, ces précautions étaient déjà tout aussi nécessaires, il ne fut pas toujours possible de les réaliser.

Dès le début de la bataille du Godat, les 14 et 15 septembre 1914, l'état-major de la brigade établit son P. C. dans les fossés de la route 44 entre la Maison Blanche et la ferme de Luxembourg (avec P. C. de nuit à la ferme), c'est-à-dire au milieu des lignes, et à des endroits qui, tout en n'offrant aucune protection, sont particulièrement en butte aux coups de l'ennemi.

Le 16 septembre, tout en gardant le même poste de combat pour le jour, l'état-major vient installer son P. C. de nuit un peu plus en arrière, à Cauroy, mais c'est pour y tomber sous le feu de l'artillerie lourde allemande, qui vise tout spécialement cette région. Le récit qu'on va lire en donne une idée :

« ... Quant à Tilly du 5e, c'est le chef de musique (1), il a été blessé dans l'église de Cauroy où se trouvait un poste de secours dont il avait la surveillance. Ce fut épouvantable le bombardement de cette église; il survint une heure à peine après que j'eusse été y visiter les blessés et rendre un dernier hommage à la dépouille du colonel de Lardemelle que l'on venait de transporter là (2). On peut difficilement se faire idée de notre émotion à ce moment-là. Depuis huit jours, on se battait avec acharnement nuit et jour; les pertes des deux côtés étaient énormes; nous étions très inférieurs en nombre et il fallait tenir; nous avons tenu, mais à quel prix!... Trois colonels du 5e tués en dix jours. Lardemelle, arrivé de la veille, était le second. Son corps, très abîmé, reposait là au milieu d'autres, près de l'autel principal, dans cette église de Cauroy; Tilly avait été cueillir des dahlias dans un jardin voisin pour les déposer pieusement sur son colonel; nous ne pouvions pas retenir nos larmes; quoi qu'on fasse, on a beau se raidir, il y a des moments où l'on ne peut plus. Lui, Tilly, ne pleurait pas; il regardait, les yeux fixes et effrayants à voir, tout en gesticulant, sans parler. Il se disait à lui-même, évidemment : « Non, c'est trop, c'est trop. » Après Doury, qu'il adorait, Lardemelle était le second chef (3) qu'il avait vu là, en peu de temps, avec tant d'autres. Et Tilly faisait tout, pansait, nourrissait, encourageait, soutenait tous ses pauvres blessés; il ensevelissait les morts, car le fossoyeur

---

(1) Lettre du général Lavisse à sa femme, du 9 novembre 1914.

(2) Ceci se passait donc le 17 septembre 1914.

(3) Il devait bientôt en tomber un troisième, le lieutenant-colonel Bouteloup.

lui-même s'était enfui sous le bombardement; et il était très fatigué, épuisé physiquement et moralement. Moi qui ne faisais que traverser son ambulance, j'étais ému profondément.

« Et voilà que, tout d'un coup, des obus énormes tombant sur l'église crèvent les toits, achèvent les blessés; on vit, paraît-il, des moribonds se rouler vers la porte en hurlant. Tilly eut un moment de folie; blessé à la tête, il saisit son revolver et se mit à tirer de tous les côtés en criant, sans se rendre compte de ce qu'il faisait; la crise passée, il aida au sauvetage de ses blessés autant qu'il put; son médecin le soigna à son tour et on l'évacua. »

Dans la suite, l'état-major continue à demeurer pour la nuit à Cauroy ou à Hermonville, village voisin, mais le P. C. est fixé les 17 et 18 septembre derrière une meule près du chemin de Cauroy à Luxembourg, puis le 19, sous un hangar, situé à 800 mètres environ à l'est de Cauroy; mais il n'a pas plus de chance en cet endroit qu'aux autres. Le général Lavisse nous l'apprend dans la lettre suivante (1), en nous donnant aussi un saisissant tableau de la vie de l'état-major à son P. C.

« ... Je renonce à prendre la plume chaque jour, comme je me l'étais promis pour résumer les faits et mes impressions; ils sont trop et je manque de temps et de moyens.

« ... La bataille actuelle dure depuis quinze jours, le canon tonnant sans cesser, ni le jour, ni la nuit; la plupart du temps, on ne cause pas, on crie pour se faire entendre. On ne se couche pas, on ne dort pas, on ne mange pas, et cependant, on fait tout cela, mais de façon si irrégulière et si extraordinaire qu'on ne s'en aperçoit pas. La tension ner-

(1) Lettre écrite plus tard, le 27 septembre 1914, à son frère, M. Ernest Lavisse.

veuse dépasse tout ce qu'on peut imaginer, comme l'effort physique à donner d'ailleurs. On s'étonne de vivre, de parler, de réfléchir, d'agir, de raisonner, de résister. Fatigué, je le suis, mais aussi très bien portant jusqu'ici, très calme, très résolu, très lucide... C'est incroyable mais cela est, fort heureusement...

« Journée à marquer d'une croix blanche. Le 19 septembre, j'avais placé mon poste de commandement sous un hangar à toit rouge qui abritait de la paille. Les observateurs habiles que sont les Allemands, d'ailleurs renseignés par des espions qui filtrent dans nos lignes (on en prend et on en fusille souvent), eurent vite repéré mon abri; malheureusement, l'arrivée et la transmission des ordres amènent autour des généraux un va-et-vient continuel qui signale leur présence, surtout lorsqu'ils sont, comme les généraux de brigade, non loin de la ligne de feu. Bref, vers midi, je quitte mon abri pour aller manger à 200 mètres de là dans une maison voisine abandonnée où nos soldats nous avaient préparé, régal suprême, une omelette arrosée d'une très bonne bouteille de Pomard achetée la veille. On nous canonnait ferme; c'était un obusier allemand placé à 5 ou 6 kilomètres de là. Nous sentions le danger, car, tout en dévorant, j'en ai fait la remarque, nous mangions le dos voûté, la tête penchée en avant comme si nous sentions instinctivement besoin de nous dissimuler, de nous ratatiner. A peine le déjeuner commençait-il que nous entendons une galopade et que nous voyons passer des chevaux affolés et horriblement blessés; c'étaient des chevaux appartenant à des cavaliers de mon escorte. Nous allons voir. Le hangar qui nous servait d'abri venait d'être coupé par deux obus quelques minutes après que je l'avais quitté, avec mes officiers. Du personnel qui s'était installé à notre place, il restait peu de chose; sur un ensemble de

12 cyclistes, secrétaires et cavaliers, 8 étaient atteints gravement, 3 tués sur le coup, 4 chevaux mutilés. Les blessés et les morts enlevés, nous revenons déjeuner, car nous avions très faim. En campagne, après un mois de luttes quotidiennes, on ne s'émeut plus; on ressent parfois une grande tristesse, qui passe, chassée par une autre, très vite; entre les deux, on plaisante même.

« Pourquoi? On en voit tant, et puis l'instinct de la conservation demeure, même chez les plus téméraires. Après chaque malheur constaté, on éprouve le bonheur d'y avoir échappé et de vivre!

« Donc nous retournons déjeuner; on se hâte et nous rentrons. Nos soldats rangent les affaires et rapproprient le local; un nouvel obus arrive qui jette à terre mon ordonnance, le cuisinier et un cycliste venu pour aider, les blessant tous les trois; encore une fois nous l'avions échappé belle.

« En avisant Suzanne (1), ne lui parle pas des dangers auxquels j'ai été exposé; ses lettres me montrent dans quelles angoisses elle vit. J'en suis navré, je fais tout pour la rassurer, aide-moi!

« Ne crois pas qu'il nous reste un sentiment de crainte; non. Il n'y a d'ailleurs aucun mérite à cela; on est, moi du moins, dans un état spécial, comme blindé; on vit dans un état d'hébétissement grandiose.

« Le danger est toujours et partout; chercher à l'éviter serait peut-être aller au devant. Souvent j'en ai eu la preuve. Certes, nous prenons des précautions et nous ne nous exposons jamais inutilement, mais c'est tout. Suzanne m'a dit que la sainte Vierge me protégerait; j'y crois. Tu vois comme c'est simple!... »

---

(1) Mme la générale Lavisse.

Pendant toute la bataille du Godat, le P. C. de l'état-major de brigade reste ainsi dans cette région, en butte à de fréquents et intenses bombardements d'artillerie lourde. Une fois la bataille terminée, l'organisation du secteur pour la guerre de siège prévoit pour l'état-major une installation plus stable et moins sujette aux hasards, tout en profitant d'autre part de l'établissement d'un système plus sûr de liaisons.

« ... Pendant cette période de stationnement (1), mon poste se trouve reporté en arrière de la ligne de tranchées; nous avons cherché un gîte à l'abri des obus et nous avons trouvé un château (2) abandonné par son propriétaire, M. Mazucchi, consul d'Italie à Reims. Seul, un régisseur se trouve ici. Nous sommes royalement installés pour la nuit. Hier soir, j'ai pris un bain! Trouver l'eau chaude et l'électricité avec grand confort après des nuits dans la paille, c'est rencontrer une oasis dans le désert; notre cuisinier, qui est un chef de chez Laru, à Paris, s'il vous plaît! et qui a rarement l'occasion de montrer ses talents, s'est surpassé. De son côté, le propriétaire nous a envoyé une caisse de champagne. J'ai fait chercher de Gennes, qui est toujours non loin de moi, pour dîner avec nous, le bon petit : il était ravi et il a emporté le menu succulent qu'on lui avait offert à titre de souvenir curiosité! Tu vois que nous ne sommes pas à plaindre. Autour du château, un joli parc et un jardin avec une collection de dahlias qui te plairait beaucoup. Si ce n'est l'éternelle canonnade, on se croirait volontiers dans une villégiature d'agrément; mais mon téléphone de campagne nous rappelle tout à coup à la réalité : « Le bombardement a repris sur les tran-« chées du 5e, de 20 heures à 21h 30; 3 tués, 15 blessés. »

(1) Lettre du général Lavisse à sa femme, du 6 octobre 1914.
(2) Château de Marzilly, à 800 mètres environ au sud de Hermonville.

« Et la besogne continue de creuser plus profondément encore la terre pour y trouver un abri plus sûr : c'est la guerre de siège. On vit comme les taupes dans des trous reliés par des souterrains. Mission très pénible que celle de résister sur place; tu devines si on attend avec impatience l'ordre de reprendre l'offensive. Pour mes inspections, je ne puis circuler que la nuit, ou bien au petit jour ou bien à la tombée de la nuit; notre château, bien dissimulé, n'a encore reçu aucun obus même dans ses environs immédiats; mais nous prenons malgré tout des précautions. Hommes et chevaux restent sous les arbres dans le jour, invisibles, même aux aéros.

« A propos d'aéros, hier un de nos biplans a démoli en l'air avec sa mitrailleuse un biplan allemand qui nous survolait; drame de l'air, angoissant à suivre; vaincu, l'Allemand a été précipité sur le sol; l'explosion du moteur a occasionné un incendie; sur les corps à moitié carbonisés des aviateurs, on a trouvé des renseignements intéressants. Nous avons salué militairement ces victimes du devoir et nous sommes revenus enchantés en pensant : un de moins !... »

Quelque temps après, le P. C. de la brigade est encore changé de place :

« Je suis installé avec mon état-major (1) dans une charmante maison de campagne blottie au fond d'un petit parc (2); c'est familial et de bon goût. Il y a quantité de vieux meubles qui te feraient loucher. Les deux dames qui l'habitent, la mère et la fille, ne savent quoi faire pour nous être agréables. Nous viendrons les voir après la guerre. Il y a trop de souvenirs qui m'attachent ici pour que je ne

(1) Lettre du général à sa femme, du 25 octobre 1914.
(2) Chez Mme Communal, à Hermonville.

revienne pas en pèlerinage dans cette région quand on aura liquidé l'affaire. Tu vivras ma vie sur place. »

Que c'est triste, ce souhait, quand on songe que celui qui le prononça ne vit même pas la fin de l' « affaire »...

Mais si le général Lavisse s'attachait à ne montrer à sa femme que le côté agréable et confortable de ses P. C., c'était surtout pour la rassurer, car il était loin d'en être toujours ainsi, si l'on en juge par ce cri qui lui échappe :

« Je suis très content que tu te trouves aussi bien dans notre appartement. J'ai tellement entendu de bruits depuis trois mois, j'ai dormi à poings fermés dans des asiles si extraordinaires, que je ne puis pas croire que je ne dormirai pas admirablement rue de Longchamp, quand même tous les autobus de Paris y rouleraient sans arrêt (1). »

Le Général.

Le général Lavisse fut *le chef*, mais il fut aussi *l'âme* de sa brigade. Dans les combats terribles et difficiles qui aboutirent à la victoire du Godat, comme dans la période de patiente ténacité qui suivit, il sut vraiment par ses propres qualités, par son exemple, par l'influence qu'il avait acquise sur tous ses subordonnés, faire de sa brigade une extériorisation de lui-même.

On ne pouvait manquer d'être séduit, dès l'abord, par cette belle figure de soldat, dont les traits réguliers et fins laissaient une grande impression de noblesse et de bonté. Un esprit cultivé, très militaire et d'une haute valeur morale, une affabilité exquise et naturelle s'ajoutaient au

(1) Lettre du 9 novembre 1914.

reste et faisaient de lui le type le plus accompli de l'officier français.

Français, il l'était profondément. Avec quelle douleur, il vit le sol de la Patrie ravagé, et les malheurs qui accablaient la France!... Trop près de lui, aussi, il avait ressenti les effets de la sauvagerie allemande :

« ... Reçu un mot d'Ernest me disant ce que ces misérables ont fait du Nouvion; j'en ai pleuré de rage; ils me le paieront, les canailles, je te le promets, nous vengerons Le Nouvion, tous les Nouvions (1). »

Lui si chevaleresque, lui si pénétré de nos plus belles traditions (2), fut sincèrement outré des barbares procédés de nos ennemis, à qui il voua une haine implacable.

Impatient d'agir, il souffrit de la guerre de siège et n'attendait qu'un signal pour courir de nouveau sus à l'envahisseur. Malgré les fatigues, malgré les souffrances, le danger, les revers, les multiples causes de découragement, vraies ou factices, qui accablaient les combattants, il n'eut jamais une minute de doute ou d'abattement; toujours, il eut confiance en nos armes et dans les destinées de sa chère Patrie; et cette confiance, il voulait la faire partager à tous, à ses officiers, à tous ceux qui l'approchaient, et à sa femme, pour laquelle il craignait l'esprit pernicieux de l'arrière. Ses lettres en donnent de nombreux exemples, au risque même de heurter les réalités, sans s'en douter. Et quand l'évidence s'impose, quand nos difficultés et nos sacrifices apparaissent dans leur terrible grandeur, il espère encore, quand même!... en songeant que l'ennemi sera, en définitive, moins fort et moins vaillant que nous, tout

(1) Lettre du général Lavisse à sa femme, du 9 octobre 1914. Le général était, comme son frère, M. E. Lavisse, originaire du Nouvion-en-Thiérache.

(2) On l'a vu saluer militairement les cadavres d'aviateurs allemands « victimes du devoir ».

en ayant des difficultés et des pertes plus grandes que les nôtres :

« ... Le 54e (1) a été en effet très éprouvé; il se serait trouvé, m'a-t-on dit, tout d'un coup sous le feu de mitrailleuses allemandes. C'est un engin dont ils se servent habilement; ils les cachent dans les sous-sols des maisons, dans les arbres, derrière tous les obstacles. Maintenant nous nous méfions et nous les dépistons; une fois vues, nous les broyons à coups de canon et le personnel avec. En résumé, tu le sais, sans exagération, leurs pertes sont considérables, beaucoup plus élevées que les nôtres, sur l'ensemble. Notre artillerie surtout les anéantit physiquement et moralement. »

Et dans une autre lettre (2) :

« ... Au petit jour (3), l'ennemi reculait ayant subi des pertes considérables; nous aussi hélas!... Un de mes régiments, le 5e, vient d'avoir trois colonels tués en dix jours, le reste à l'avenant. Il me reste par régiment 7 à 8 officiers sur 35; les effectifs troupe sont réduits des deux tiers; et on résiste quand même; on se bat et on tient tête victorieusement à l'ennemi jusqu'à ce que l'occasion se présente de le repousser définitivement, car il est au moins aussi éprouvé, si ce n'est plus, que nous et épuisé. Nous le constatons par les prisonniers que nous faisons et qui sont de jour en jour plus nombreux; environ 250 devant moi cette nuit, tous très heureux d'être pris d'ailleurs; aspect chétif, maigre, exténué, délabré; des gamins pres-

---

(1) Régiment que le général Lavisse avait commandé comme colonel et auquel il était demeuré très attaché.

Lettre du général Lavisse à sa femme, du 9 octobre 1914.

(2) Lettre du général Lavisse à son frère, M. E. Lavisse, du 27 septembre 1914.

(3) Après l'attaque de nuit du 25-26 septembre 1914, sur le Godat.

que; il est vrai que les plus énergiques combattent ou se font tuer. »

« ... Les trois colonels du 5e (1) dorment côte à côte le dernier sommeil dans le cimetière d'un petit village tout près d'ici (2), entourés de plusieurs de leurs officiers; hélas ! parmi ceux que nous avons perdus, il s'en trouve quelques-uns à qui nous n'avons pas pu donner de sépulture; ainsi entre nous et les Allemands, il se trouve une zone de 300 à 400 mètres battue par les feux, dans laquelle on ne peut relever ses morts que la nuit et en s'exposant beaucoup.

« Tu as l'âme vaillante, et tu resteras ferme devant les réalités de la guerre comme une bonne Française que tu es; il le faut... Attendons la fin avec confiance; alors nous pleurerons nos morts, mais aussi nous pleurerons de joie d'avoir assuré la vie de notre pays. »

Une autre fois, il écrit (3) :

« Aujourd'hui, tu dois rentrer à Paris; tes dépêches, les trois, dont l'une reçue hier, me le confirment et j'en éprouve de la joie comme si c'était le premier pas vers notre réunion.

« Surtout, à Paris, ne te laisse pas émotionner par les froussards, les pessimistes et les bavards. Ne lis pas trop de journaux; que ta foi dans le succès reste entière, quoi qu'il arrive... »

Pour encourager et rassurer sa femme, il ne néglige rien et c'est pourquoi, dans ses lettres, il s'attache à ne parler que des bons moments et des bonnes choses. Et pourtant Dieu sait si le général Lavisse participa activement à la

(1) Lettre du général Lavisse à sa femme, du 9 octobre 1914.
(2) Cauroy.
(3) Lettre du 15 octobre 1914.

lutte! Habitué à une vie raffinée et confortable, d'une santé parfois délicate, il souffrit plus qu'un autre de cette existence primitive et suprêmement fatigante. Malgré tout cela et malgré ses cheveux blancs, il tint bon pourtant; sans plainte ni faiblesse, il ne chercha jamais à se ménager. Toute sa vie, toutes ses forces étaient consacrées à l'idéal très haut qu'il servait avec des sentiments d'une élévation admirable. Ce qu'il fut dans la bataille, il ne faut pas le chercher dans ses lettres, car il voulait justement éviter d'en parler : une ou deux fois, dans le récit des combats, nous avons compris à demi-mot la part si directe qu'il y avait prise; mais c'est surtout de ceux qui l'ont connu au feu qu'on peut l'apprendre. Tout en subissant à son P. C. les bombardements que l'on sait, et tout en supportant vaillamment le poids d'écrasantes responsabilités, il commandait sa brigade avec une clarté d'esprit et une précision qui étaient d'un grand chef. Voulant se rendre compte par lui-même, et voulant encourager ses troupes par sa présence, il se rendait souvent en première ligne. Il s'y montrait si crâne et si bienveillant; il avait tellement le souci de perfectionner toujours leur bien-être, qu'il sut gagner les cœurs de tous ses soldats. L'un d'eux ne me disait-il pas un jour : « Le général Lavisse? Ah! nous l'aimions bien; c'était un homme aimable. »

Commander en souriant, c'est ainsi que l'on obtient tout du soldat français. De l'énergie et de la fermeté certes, mais aussi de la bravoure et de la bonne grâce, c'est là qu'on reconnaît le véritable officier français, celui qu'on suit jusqu'au bout, non pas par crainte, mais par attachement et parce qu'il sait vous *faire aimer le devoir.*

Ainsi l'action personnelle du général Lavisse dans la bataille n'était-elle pas limitée aux instructions données et aux dispositions prises; il agissait aussi directement sur la troupe et c'est pourquoi il lui revient une si belle part dans la victorieuse résistance du Godat.

Ses chefs le pensèrent, puisque, au lendemain de la bataille, le 28 septembre 1914, le général Lavisse était cité en ces termes à l'*ordre de l'armée :*

« A fait preuve en toutes circonstances et notamment pendant la bataille de Reims, de beaucoup de sang-froid, de bravoure et d'à-propos, se tenant constamment au milieu de ses troupes, en première ligne, pendant quatorze jours consécutifs de combats incessants de jour et de nuit qu'a livrés victorieusement sa brigade. »

A ceux qui le félicitaient, le général Lavisse répondit avec sa modestie coutumière :

« ... Je remercie tous ceux qui pensent à moi, mais il ne faut rien exagérer; j'ai simplement fait ce que je devais faire. Toute ma joie vient de ce que je l'ai fait, après avoir craint de ne pas m'élever à la hauteur de ma tâche dans les moments difficiles (1). »

Pendant tous ces combats, le général Lavisse resta très exposé, mais il ne prenait pas garde au danger quand sa conscience lui ordonnait de le braver. Peut-être trouvait-il aussi une si belle force d'âme dans les ressources de sa foi chrétienne. En rassurant sa femme sur les dangers qu'il courait, il disait :

« ... Surtout, ne crains rien pour moi, je suis bien moins exposé qu'un autre; et puis, j'ai confiance dans la bonne Vierge et dans sa protection (2). »

Une autre fois, il écrit :

« Je reviens de la messe (3); chaque dimanche, à 8 heures,

(1) Lettre à sa femme du 18 octobre 1914.
(2) Lettre du 9 octobre 1914.
(3) Lettre du 15 novembre 1914.

le curé en dit une spéciale pour les militaires; son église est bondée chaque fois. Les dangers courus, ceux à redouter, le canon qui gronde rendent les figures plus graves et courbent davantage les fronts devant Celui qui guérit et qui protège. Le *Credo* chanté par l'assistance est profondément impressionnant.

« L'église d'Hermonville est la seule de la région qui demeure jusqu'à ce jour intacte; le village a reçu, il y a un mois, quelques obus cependant; depuis rien. Le curé, qui se souvient, nous dit tout de même chaque semaine : « Dimanche prochain, à 8 heures, messe, si la situation « reste la même. »

« A la sortie de la messe, on retrouve les camarades dispersés dans les environs et l'on cause, tout comme à Viroflay. »

Nous avons dit que le général Lavisse avait été un « Français sans peur et un chrétien sans reproche », et c'est bien, en effet, la figure du bon chevalier Bayard que l'on évoque en pensant à ce chevalier que fut le général Lavisse.

L'État-major.

C'était, en vérité, un bel état-major que celui de la 12e brigade. Digne de son chef, il s'adaptait parfaitement à lui et lui donnait le meilleur concours. Le chef d'état-major était remarquable et les officiers pleins d'allant et de dévouement; tous restaient étroitement unis dans l'accomplissement d'une même tâche par les liens d'une excellente camaraderie.

Aimé de ses soldats, le général Lavisse le fut tout particulièrement de ses officiers, qui l'approchaient de plus près. Lui-même les affectionnait beaucoup, et ses lettres en sont la meilleure preuve :

« ... Mon entourage immédiat se trouve modifié (1) : Helbronner, grièvement blessé par un éclat d'obus, en portant un ordre, le jour de la plus violente bataille à laquelle j'ai assisté (2), est décédé un mois après à La Bourboule, où on avait pu le transporter; là, se trouvaient sa femme avec ses enfants; son départ, puis sa mort m'ont fait une peine énorme; j'avais pour lui une affection profonde qui ne faisait que grandir. Tu ne peux pas t'imaginer combien il m'était dévoué, s'efforçant toujours de me rendre la vie matérielle aussi supportable que possible, plein d'attentions délicates; en même temps militaire accompli, brave comme pas un, gai, très en train, et plein d'esprit; jamais une plainte n'est sortie de sa bouche. Quand il a quitté le champ de bataille, après un premier pansement auquel j'ai assisté, emporté sur une civière, nous nous sommes embrassés en pleurant; nous avions l'un et l'autre un très grand chagrin de nous séparer; à ce moment, j'étais cependant persuadé qu'il guérirait et qu'il reviendrait.

« Helbronner a été remplacé par trois officiers, trois sous-lieutenants de réserve de cavalerie qui se nomment de Carini, de La Tremblaye et Saintomer; trois charmants jeunes gens qui se mettent en quatre pour m'être utile comme pour m'être agréables, durs à la fatigue, toujourss prêts à marcher de jour et de nuit, même à travers les balles et les obus. De Carini, le prince de Carini, est un ancien élève d'Ernest; il est allié par sa femme à la famille Waleski; très fin, bon enfant, qui ne sait comment me

(1) Lettre du 9 octobre 1914.
(2) Le 6 septembre 1914, devant Monceaux-les-Provins.

faire plaisir. Les deux autres sont chez des agents de change à Paris.

« Le petit personnel aussi a subi des changements : Martin est blessé, pas grièvement; un jour où ça chauffait un peu, je l'avais envoyé en arrière avec notre cuisinier pour nous faire à déjeuner; il n'y a rien qui creuse l'estomac comme une bataille; ils trouvent une maison, s'y installent et voilà un obus qui tombe sur la cuisine. Nous venions de partir et eux lavaient tranquillement leurs affaires. Martin a été blessé au bras et à la tête légèrement; il est dans un hôpital à Angers d'où il m'a écrit dernièrement (1); le cuisinier a été touché plus fortement à la jambe et le cycliste à la poitrine. Il a fallu les remplacer et les remplaçants vont très bien. Les ordonnances ainsi que les chevaux sont en parfait état. « Vice-Reine », qui a peur d'une feuille qui tombe, se comporte très crânement.

« Enfin, mon second, Renié, dont je n'ai eu qu'à me louer à tous les points de vue, va me quitter. Je le regrette beaucoup. En attendant qu'il soit remplacé, le général de division me donnera un de ses officiers qui est très bien. »

« ... Renié m'a quitté tout à l'heure (2) pour aller occuper une place de chef de bataillon dans un régiment de réserve à deux pas d'ici; nous nous sommes embrassés, très émus l'un et l'autre; c'est que nous avons passé ensemble des heures inoubliables, liés intimement l'un à l'autre, sans nous séparer une minute, ni le jour, ni la nuit. Je perds en

---

(1) Plus tard, le général écrivit : « Martin est revenu hier complètement remis, frais et rose, très content de reprendre son service auprès de moi. » (Lettre du 25 octobre 1914.)

(2) Lettre du général Lavisse à sa femme, du 25 octobre 1914.

lui un officier d'état-major très précieux et dévoué (1); les deux jeunes officiers de cavalerie (2) qui le remplacent auprès de moi ont les défauts de l'inexpérience et les avantages de la jeunesse; ils sont pleins d'entrain et de bonne volonté : c'est l'essentiel; ça ira. Déjà ils me manifestent une affection touchante : « Ils vous aiment beaucoup tous vos officiers », me disait tout à l'heure la dame du logis. Tu ne saurais croire combien ils sont remplis de prévenances à mon égard; ils ne savent quoi inventer pour me rendre la vie facile et adoucir les rudesses de la campagne. Le prince de Carini surtout a des soins et des attentions d'un très bon fils pour son papa; mes cinq officiers, tous lieutenants de la cavalerie, se feraient couper en quatre pour moi. On ne peut pas être plus dorloté que je ne le suis; donc rassure-toi. Le sixième personnage de mon état-major, c'est, comme je te l'ai dit, le député Prat, ancien professeur de Versailles, le tombeur de Thalamas, qui remplit auprès de moi les fonctions de cycliste; naturellement, nous parlons de Bayard souvent. Prat a quarante-cinq ans; il s'est engagé pour la durée de la guerre. Doury, son cousin, l'avait pris comme cycliste. Doury tué, Prat a demandé à venir auprès de moi. C'est un compagnon charmant que nous traitons en camarade, et qui vit complètement avec nous. Les autres cyclistes, les vrais, l'appellent « Monsieur

(1) Ce ne fut cette fois qu'un faux départ puisque le général Lavisse écrivit un peu plus tard (Lettre du 9 novembre) :

« ... Renié, qui m'était revenu pendant trois jours, m'a quitté définitivement pour prendre le poste de chef d'état-major dans une division de réserve (la 69e, *note de l'auteur*). Arrivé à son poste, il m'a écrit une lettre très touchante de reconnaissance et d'affection. A l'occasion de son départ, on m'a donné encore un autre officier; c'est un lieutenant d'artillerie, cette fois, qui s'appelle Maurer, camarade de promotion de Naireneuf; très bien. J'ai donc un état-major nombreux, jeune, dévoué et gai. La plus grande cordialité règne entre tous. On a quelquefois les nerfs très tendus, mais la bonne humeur reprend vite le dessus. »

(2) Lieutenants de Pange et Petit.

le député ». Mes lieutenants le tutoient et il les tutoie. Non, tu nous verrais parfois à table, tu trouverais que nous ne sommes pas sérieux; ils me rajeunissent et je ne demande que ça. Et puis, vois-tu, on a besoin d'oublier ce qui se passe tout autour et de mettre du coton dans ses oreilles pour croire qu'on ne tire plus le canon. Ça repose... »

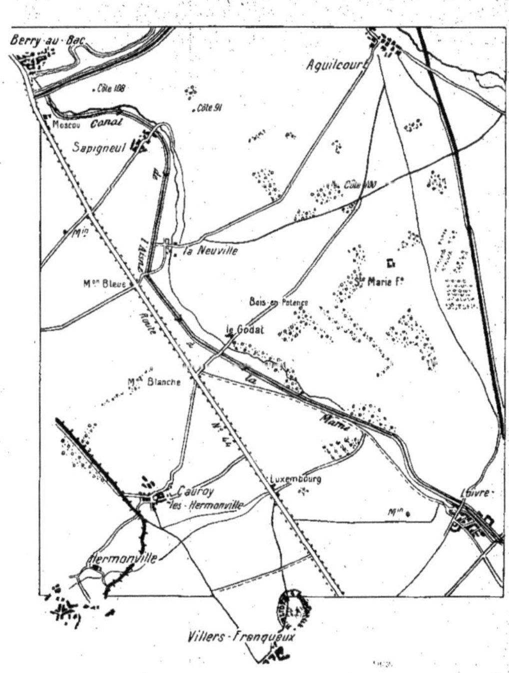

Berry-au-Bac
Aguilcourt
Côte 108
Côte 91
Moscou
Canal
Sapigneul
Mln
la Neuville
Mon Bleue
l'Aisne
Route
N° 44
Ste Marie Fe
Bois-en-Potence
le Godat
Mon Blanche
la
Marne
Luxembourg
Cauroy
les-Hermonville
Loivre
Mln
Hermonville
Villers-Franqueux

TABLE DES MATIÈRES

IMPRIMERIE BERGER-LEVRAULT, NANCY-PARIS-STRASBOURG. — 1925

BERGER-LEVRAULT, LIBRAIRES-ÉDITEURS

NANCY	PARIS	STRASBOURG
18, RUE DES GLACIS	136, BOUL. SAINT-GERMAIN (VIe)	23, PLACE BROGLIE

La Victoire de la Marne, 5-13 septembre 1914 (*La Grande Guerre sur le front Occidental*, TOME VI), par le général PALAT (Pierre LEHAUTCOURT). 1920. Volume in-8 de 496 pages, avec 6 cartes . . . . **15 fr.**

La Bataille de la Marne. *Le rôle du Gouvernement militaire de Paris, du 1er au 12 septembre 1914*, par le général CLERGERIE et le capitaine Lucien DELAHAYE D'ANGLEMONT. 1920. Volume in-12, avec 4 cartes hors texte. . . . . **7 fr. 50**

LA GUERRE EN ACTION, par le commandant A. GRASSET.

— **Un Combat de rencontre : Neufchâteau** (*22 août 1914*). Préface du général BUAT. 3e édition. 1924. Volume grand in-8, avec 5 croquis, dont 4 hors texte. . . . . **5 fr.**

— **Le 22 août 1914 au 4e corps d'armée : ★ Ethe.** 1924. Volume grand in-8, avec 1 carte et 15 croquis hors texte. . . . . **7 fr. 50**

— **Le 22 août 1914 au 4e corps d'armée : ★ ★ Virton.** 1925. Volume grand in-8, avec 1 carte et 9 croquis hors texte . . . . **10 fr.**

Un incomparable fait d'armes : **La prise de Loivre par le 3e bataillon du 133e R. I.** (*16 avril 1917*), par le général BUAT. 1922. In-8, avec une carte en couleurs . . . . **2 fr. 50**

La Tranchée de la Soif. *Épisode des combats de la région de Saint-Mihiel*, par le général CORDONNIER. 1922. Grand in-8, avec 2 portraits, 1 croquis et 2 cartes hors texte . . . . **3 fr.**

La Guerre mondiale 1914-1918, par le commandant H. DUFESTRE, instructeur militaire à l'Université de Strasbourg. 1924. Volume in-8, avec 4 croquis. **5 fr.**

Les Grandes Étapes de la Victoire 1914-1918, par le lieutenant-colonel DE WITT-GUIZOT. *Cours professé à l'Université de Strasbourg.* 1923. Volume in-8, avec 19 cartes hors texte. . . . . **10 fr.**

Précis de la Guerre de 1914, par E. GUILLOT, agrégé d'histoire, professeur honoraire au lycée Charlemagne. 3 volumes in-16, cartonnés.
— Tome I. *Août 1914-octobre 1915.* Avec 10 cartes . . . . **6 fr. 50**
— Tome II. *Octobre 1915-février 1917.* Avec 10 cartes . . . . . . **6 fr. 50**
— Tome III. *1917-1919.* Avec 10 cartes. . . . . **7 fr. 50**
Souscriptions des ministères de l'Instruction publique et de la Guerre.

La Guerre mondiale 1914-1918, par H. CORDA, lieutenant-colonel d'artillerie breveté. Préface de M. LACOUR-GAYET, de l'Académie des Sciences morales et politiques. 1922. Volume grand in-8, avec un atlas de 85 croquis **25 fr.**
Couronné par l'Académie Française (Prix Audiffred).

Histoire générale et anecdotique de la Guerre de 1914, par JEAN-BERNARD. 8 volumes in-8 (3.255 pages), avec 1.225 gravures, 200 portraits et 46 cartes. Chaque volume broché . . . . **9 fr.**
Relié en percaline . . . . **12 fr.**
Prix d'ensemble des 8 volumes, brochés . . . . **60 fr.**
Reliés en percaline . . . . **80 fr.**

Lettres d'un Soldat, par Eugène-E. LEMERCIER. Préface de André CHEVRILLON, de l'Académie Française. 25e édition. 1924. Volume in-12 . . . . **6 fr. 75**

Notes (1905-1914). Suivies de lettres inédites, par Eugène-E. LEMERCIER. Notice biographique par André MICHEL, de l'Institut. 1924. Volume in-12 avec portrait et 7 photographies de toiles de Lemercier. . . . . **6 fr. 75**

Un Soldat de France. *Lettres d'un médecin auxiliaire.* Préface de M. Émile BOUTROUX, de l'Académie Française. Volume in-12, relié percaline . . . . **6 fr.**

Le Drame de la mauvaise frontière. *Lettres d'un Alsacien (1914-1916)*, par Charles RUDRAUF. Volume in-12, avec une photographie hors texte. **3 fr. 50**

Les prix des ouvrages annoncés comprennent toute majoration.

www.ingramcontent.com/pod-product-compliance
Ingram Content Group UK Ltd.
Pitfield, Milton Keynes, MK11 3LW, UK
UKHW022128260726
13993UKWH00003B/1302

9 782329 202648